Impressum
Verlag: BABADADA GmbH, Nedderfeld 112 , 22529 Hamburg
Geschäftsführer / Verlagsleitung: Harald Hof
Druck: Books on Demand GmbH, In de Tarpen 42, 22848 Norderstedt

Imprint
Publisher: BABADADA GmbH, Nedderfeld 112 , 22529 Hamburg, Germany
Managing Director / Publishing direction: Harald Hof
Print: Books on Demand GmbH, In de Tarpen 42, 22848 Norderstedt

1

škola
école

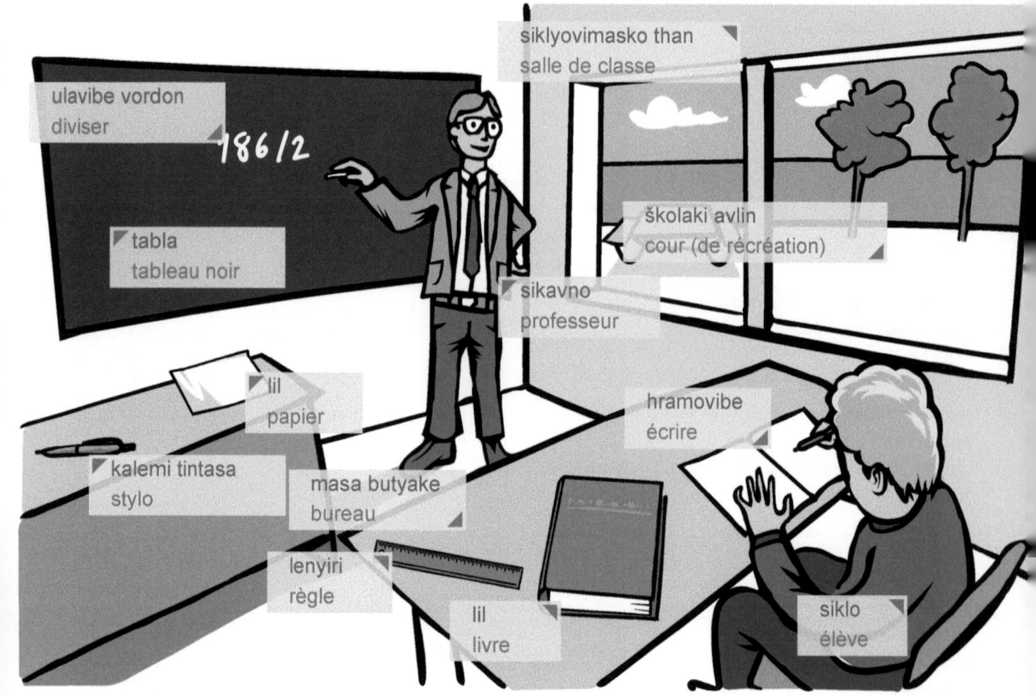
siklyovimasko than
salle de classe
ulavibe vordon
diviser
186/2
školaki avlin
cour (de récréation)
tabla
tableau noir
sikavno
professeur
lil
papier
hramovibe
écrire
kalemi tintasa
stylo
masa butyake
bureau
lenyiri
règle
lil
livre
siklo
élève

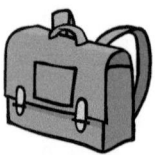

dumeski tašna
cartable

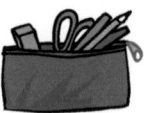

kalemengi kutia
trousse

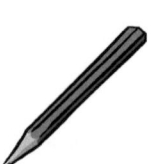

kalemi
crayon

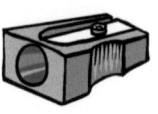

kalemengi čhurori
taille-crayon

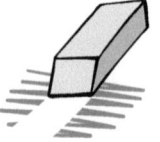

kosimaski guma
gomme

čitrimasko bloko
carnet à dessin

čitribe

dessin

boyimaski frča

pinceau

boyimaski kutia

boîte de peinture

kata

ciseaux

lepako

colle

bukjardarimasko lil

cahier d'exercices

khereski buti

devoirs

gendo

chiffre

džide

additionner

ikal

soustraire

multiplicirin

multiplier

kalkulirin

calculer

hramome lil

lettre

alfabeta

alphabet

lafo

mot

teksti
....
texte

drabaribe
....
lire

kreda
....
craie

lekciya
....
leçon

Klasesko registro
....
livre de classe

egzameni
....
examen

sertifikato
....
certificat

školaki uniforma
....
uniforme scolaire

edukacia
....
formation

enciklopedia
....
lexique

univerziteto
....
université

mikroskopo
....
microscope

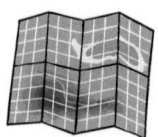

mapa
....
carte

korpa čhudimaske lila
....
corbeille à papier

škola - école

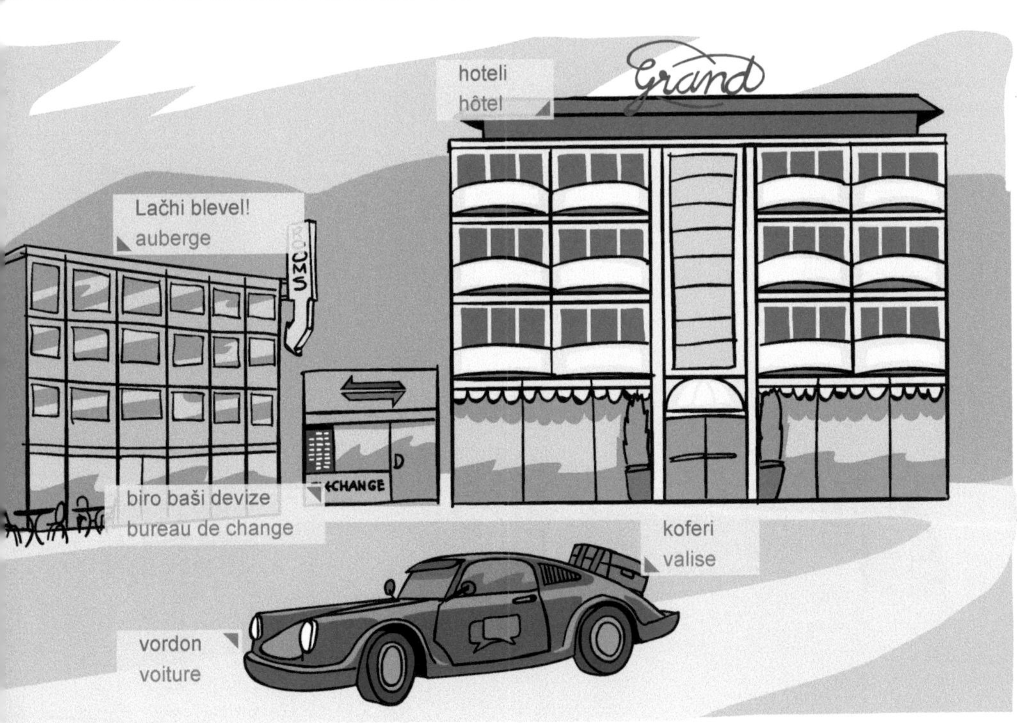
hoteli
hôtel
Grand
Lačhi blevel!
auberge
ROOMS
biro baši devize
bureau de change
CHANGE
koferi
valise
vordon
voiture

ćhib
langue

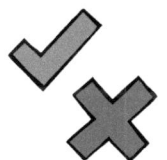

va / na
oui / non

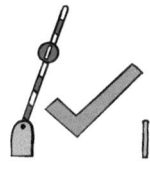

Okay
d'accord

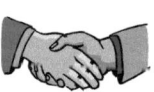

Namaste
Salut

tumači
interprète

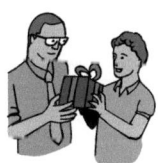

Ov sasto
merci

Kozom si...?

Combien coûte...?

Na havava

Je ne comprends pas

problemo

problème

Lačhi rat!

Bonsoir !

Lačhi javin!

Bonjour !

Lačhi rat!

Bonne nuit !

ačhon Devlesa

Au revoir

dromeski sikavin

direction

bagaži

bagages

gono

sac

dumesko gono

sac-à-dos

misafiri

hôte

kamara

pièce

sovimasko gono

sac de couchage

cerha

tente

turistikani informacia

office de tourisme

plaža

plage

kreditno kartica

carte de crédit

javinako habe

petit-déjeuner

kušluko

déjeuner

ratyako habe

dîner

karta

billet

elevatori

ascenseur

marka

timbre

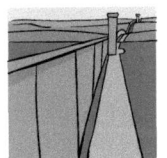

simantra

frontière

adetia

douane

ambasada

ambassade

viza

visa

pašaporti

passeport

transporti
transport

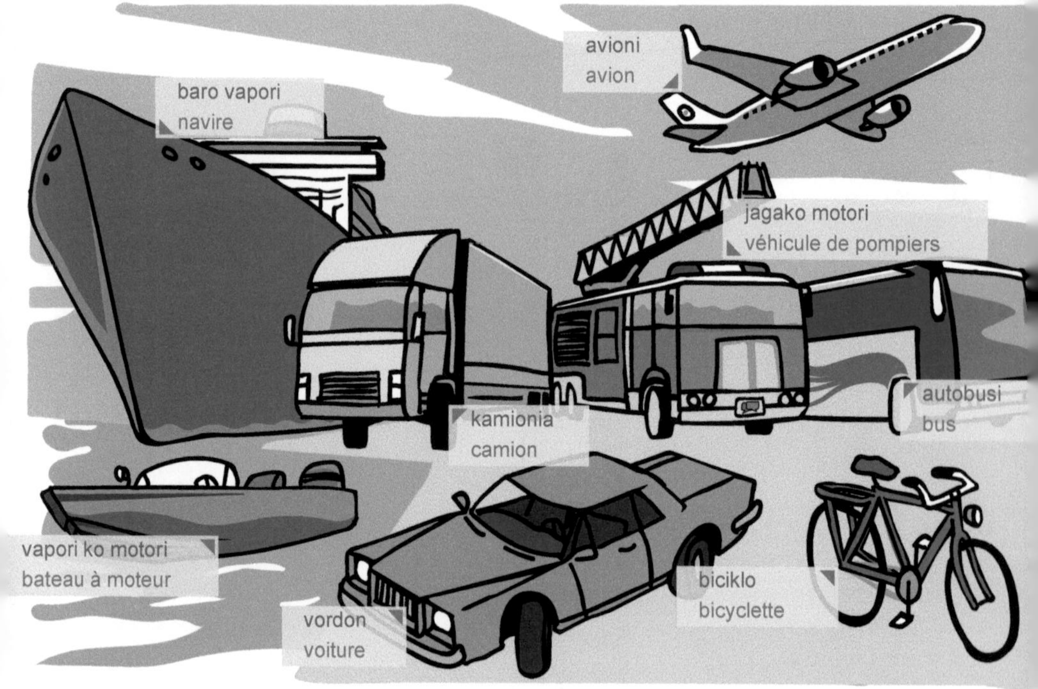

avioni
avion
baro vapori
navire
jagako motori
véhicule de pompiers
autobusi
bus
kamionia
camion
vapori ko motori
bateau à moteur
biciklo
bicyclette
vordon
voiture

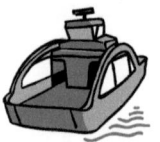

feri vapori

ferry

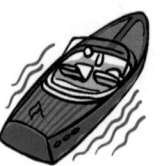

vapori

barque

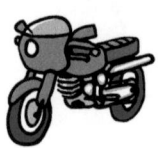

motorciklo

moto

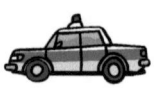

policiako vordon

voiture de police

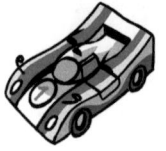

prastamasko vordon

voiture de course

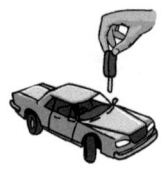

rentakar

voiture de location

ulavibe vordon

auto-partage

rumosardo kamioni

voiture de remorquage

kamionengo than

benne à ordures

motori

moteur

petroli

essence

petrolesko stasioni

station d'essence

trafikoskere išaretia

panneau indicateur

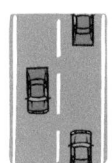

trafiko

trafic

baro trafiko

embouteillage

ordonesko parkirimasko
than

parking

pampurengo stasioni

gare

kamionia

rails

pampuri

train

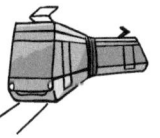

tramvaj

tramway

vagoni

wagon

helikopteri

hélicoptère

aeroporti

aéroport

kula

tour

dromarutno

passager

kontejneri

conteneur

kartoni

carton

vordonoro

chariot

sevli

corbeille

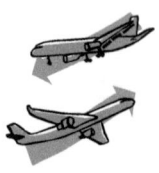

urjalipasko starto /
urjalipasko agor

décoller / atterrir

diz

ville

gav

village

dizyako centro

centre-ville

kher

maison

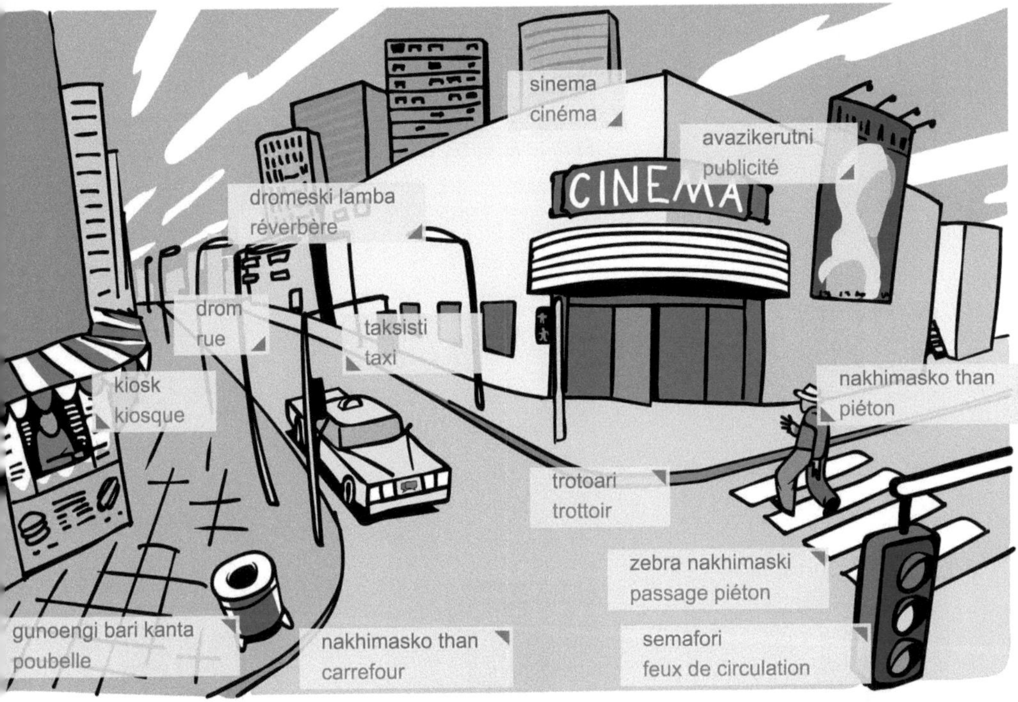

sinema
cinéma

avazikerutni
publicité

dromeski lamba
réverbère

CINEMA

drom
rue

taksisti
taxi

nakhimasko than
piéton

kiosk
kiosque

trotoari
trottoir

zebra nakhimaski
passage piéton

gunoengi bari kanta
poubelle

nakhimasko than
carrefour

semafori
feux de circulation

koliba

cabane

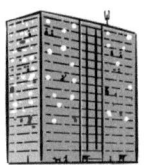

apartmani

appartement

pampurengo stasioni

gare

dizyaki sala

mairie

muzeji

musée

škola

école

univerziteto

université

banka

banque

hospitalo

hôpital

hoteli

hôtel

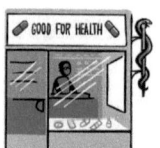

apoteka

pharmacie

ofiso

bureau

lil bikinimasko than

librairie

dukyano

magasin

lulugengo bikinutno

fleuriste

supermarket

supermarché

kurko

marché

baro bikinimasko kher

grand magasin

mačhengo astarutno

poissonnerie

kinimasko centro

centre commercial

vaporengo ačhovimasko than

port

parko
parc

klupa
banque

purt
pont

merdevenya
escaliers

metro stasioni
métro

tuneli
tunnel

autobuseski adžikerin
arrêt de bus

bar
bar

restorani
restaurant

poštako mohto
boîte à lettres

dromesko išareti
panneau indicateur

parking than
parcmètre

zoo
zoo

nangyovimasko bazenı
piscine

džamiya
mosquée

farma
ferme

melalipe
pollution

limorengo than
cimetière

khangeri
église

khelimasko than
aire de jeux

hramo
temple

pejzaži
paysage

patrin
feuille

išareti
panneau indicateur

drom
chemin

livazin
pré

bar
pierre

phiravno
randonneur

kašt
arbre

len
rivière

čar
herbe

luludi
fleur

harno than

vallée

bairi

montagne

devrijal

lac

veš

forêt

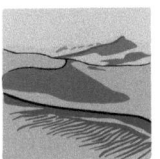

mulano than

désert

vulkano

volcan

saraji

château

renkali badalin

arc-en-ciel

gaba

champignon

palma kašt

palmier

sivrija

moustique

mak

mouche

karandža

fourmis

birumni

abeille

pauko

araignée

pejzaži - paysage

buba

coléoptère

žamba

grenouille

ververica

écureuil

kanzauri

hérisson

šošoj

lièvre

buf

chouette

pakšin

oiseau

lebedi

cygne

bali

sanglier

eleno

cerf

eleno

élan

pani garavin

barrage

bavlalaki turbina

éolienne

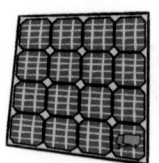

solarno paneli

panneau solaire

klima

climat

restorani

restaurant

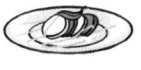

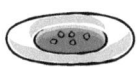

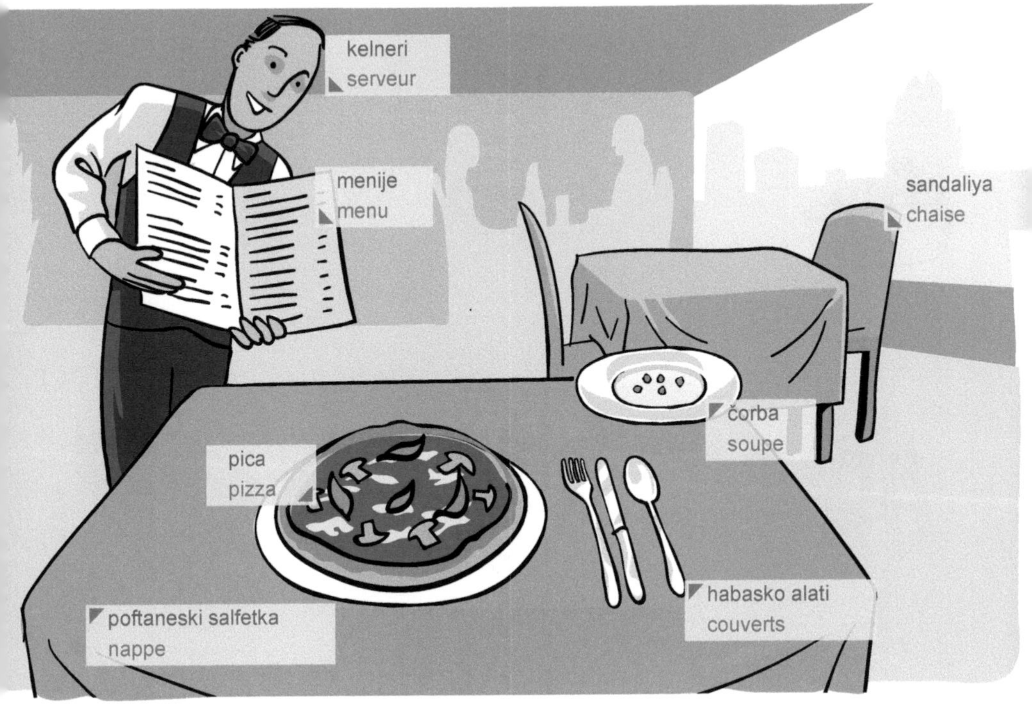
kelneri
serveur
menije
menu
sandaliya
chaise
čorba
soupe
pica
pizza
habasko alati
couverts
poftaneski salfetka
nappe

avgo habe

hors d'œuvre

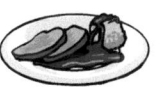

šerutno habe

plat principal

gudlimata

dessert

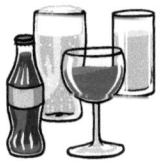

piiba

boissons

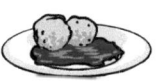

habe

alimentation

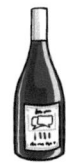

šiša

bouteille

fast food
fast-food

sokakongo habe
plats à emporter

čajniko
théière

šekereskoro čaroro
sucrier

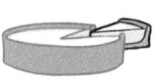

porcia
portion

makina vaš espresso
machine à expresso

uči sandaliya
chaise haute

esapi
facture

apladiya
plateau

čhuri
couteau

vilyuška
fourchette

roj
cuillère

čajeski roj
cuillère à thé

salfetka
serviette

tahtai
verre

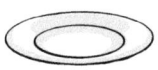

čaro

assiette

čaro čorbake

assiette à soupe

hor čaro

soucoupe

sosi

sauce

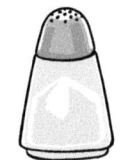

londesko čaroro

salière

kale biberesko pišlo

moulin à poivre

šut

vinaigre

zejtini

huile

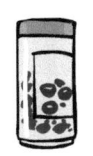

začinia

épices

kečap

ketchup

senf

moutarde

majonezi

mayonnaise

restorani - restaurant

supermarket
supermarché

specialno oferta
offre promotionnelle
FOR
mušteriya
client
thudeske butya
produits laitiers
emiši
fruits
vordonoro
chariot

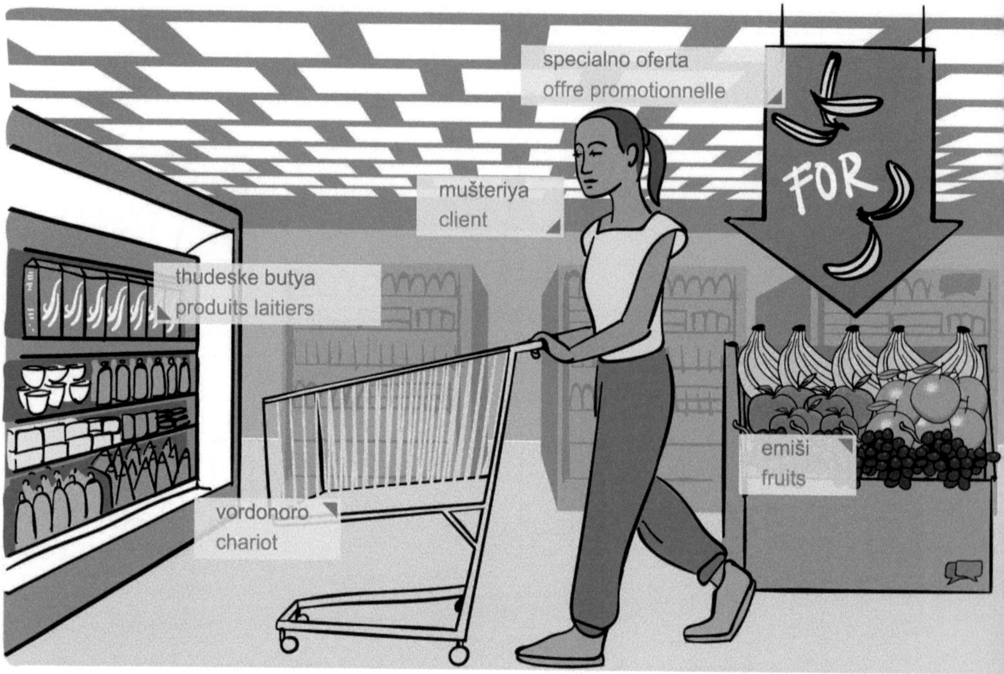

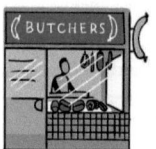

BUTCHERS

kasapi

boucherie

BAKERY

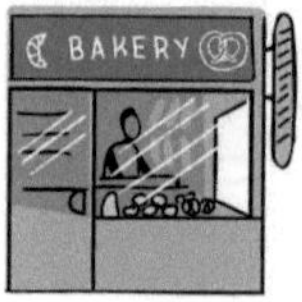

furuna

boulangerie

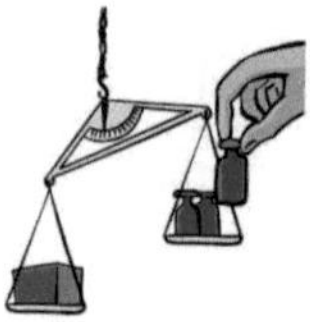

ladavipe

peser

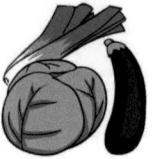

zarzavati

légumes

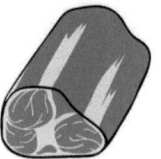

masesko rolati

viande

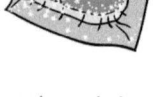

pahome habe

aliments surgelés

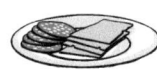

šudro mas

charcuterie

konzerva

conserves

thovimasko prašako

poudre à lessive

gudlimata

bonbons

khereske butya

articles ménagers

užarimaske butya

détergents

bikinutno

vendeuse

kasapi

caisse

kasieri

caissier

kinimaski patrin

liste d'achats

putarimaske satura

heures d'ouverture

lovengi tašna

portefeuille

kreditno kartica

carte de crédit

gono

sac

plastikano gono

sac en plastique

pani

eau

džus

jus de fruit

thud

lait

kola

coca

mol

vin

bira

bière

alkohol

alcool

kakao

chocolat chaud

čaj

thé

kafa

café

espresso

expresso

cappuccino

cappuccino

banana

banane

phabaj

pomme

portokali

orange

kavuni

melon

limoni

citron

karota

carotte

sir

ail

bambusi

bambou

purum

oignon

gaba

champignon

akhora

noisettes

humereske butya

pâtes

špageti

spaghetti

rezo

riz

salata

salade

čipsi

pommes frites

peke kompiria

pommes de terre rôties

pica

pizza

hamburger

hamburger

sendviči

sandwich

kotleti

escalope

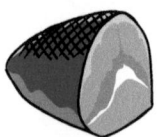

žamboni

jambon

salama

salami

goja

saucisse

khajnako mas

poulet

peko

rôti

mačho

poisson

popara

flocons d'avoine

musli

muesli

kornfleks

cornflakes

varo

farine

kroasani

croissant

masesko rolati

petits-pains

maro

pain

tosti

pain grillé

biskotia

biscuits

puteri

beurre

urda

le fromage blanc

torta

gâteau

jaro

œuf

peke jare

œuf au plat

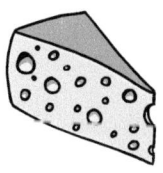

kiral

fromage

šudro gudlo

glace

šekeri

sucre

avgin

miel

džem

confiture

čokoladaki krema

crème nougat

kari

curry

farma
ferme

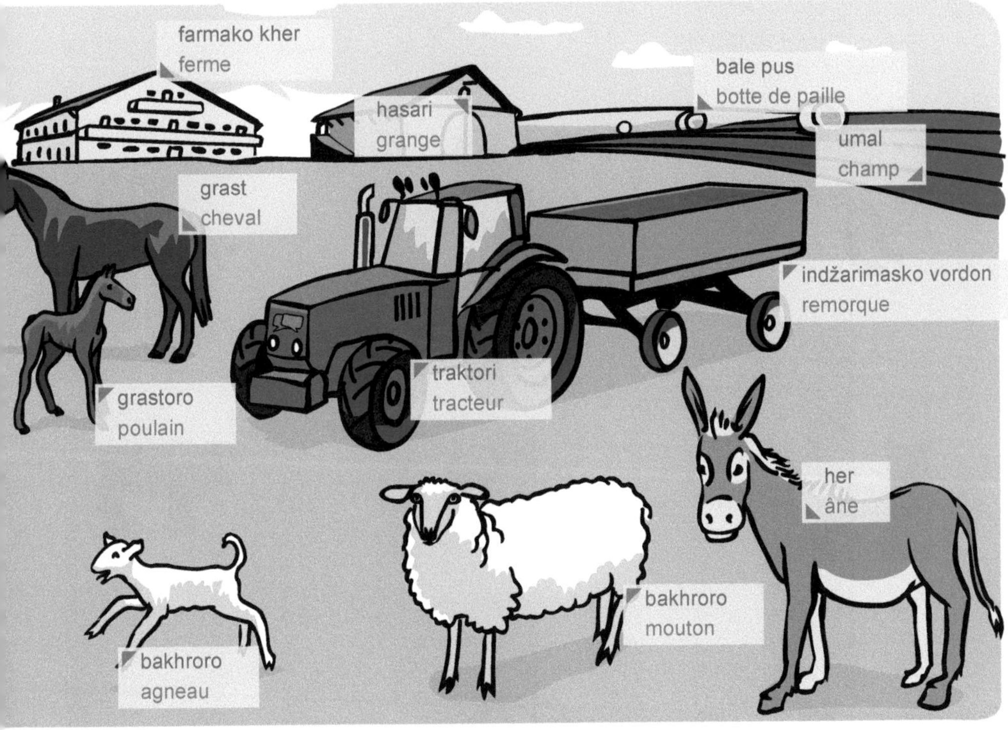
farmako kher
ferme
hasari
grange
bale pus
botte de paille
umal
champ
grast
cheval
indžarimasko vordon
remorque
traktori
tracteur
grastoro
poulain
her
âne
bakhroro
mouton
bakhroro
agneau

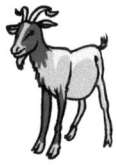

buzno

chèvre

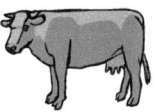

guruvni

vache

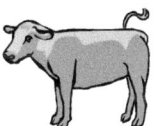

guruvoro

veau

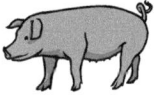

balo

porc

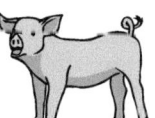

baloro

porcelet

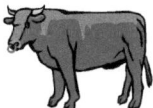

guruv

taureau

papin

oie

payka

canard

pilička

poussin

khayni

poule

bašno

coq

baro germuso

rat

bilika

chat

germuso

souris

guruv

bœuf

džukel

chien

džukelesko kher

chenil

žardina

tuyau de jardin

panyarimaski kanta

arrosoir

aindžako kidimasko alati

faucheuse

plugo

charrue

srpo

faucille

motika

pioche

aindžaki vilyuška

fourche

tover

hache

vordonoro phiravutno

brouette

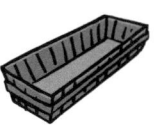

balani

cuve

thudeski šiša

pot à lait

harari

sac

trujalutni

clôture

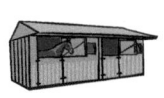

jahri

étable

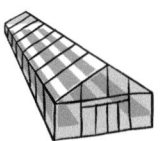

haryalo kher

serre

phuv

sol

seme

semences

gyubre

engrais

aindžako kidipe

moissonneuse-batteuse

kidibe aindž

récolter

harmani

récolte

phuvaki phabaj

igname

giv

blé

soja

soja

kompiri

pomme de terre

mumuruzi

maïs

šarlagani

colza

emišengo kašt

arbre fruitier

Kasava

manioc

giveskere javinlukoja

céréales

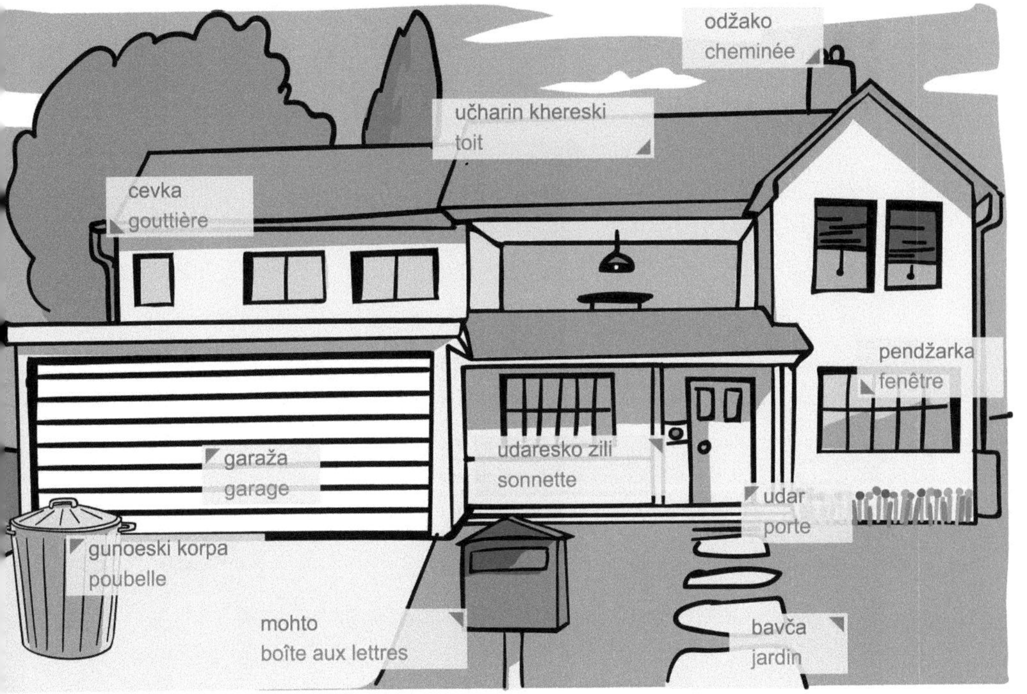

odžako
cheminée

učharin khereski
toit

cevka
gouttière

pendžarka
fenêtre

garaža
garage

udaresko zili
sonnette

udar
porte

gunoeski korpa
poubelle

mohto
boîte aux lettres

bavča
jardin

bešimaski kamara

salon

banya

salle de bain

kujna

cuisine

sovimasko than

chambre à coucher

čhavengi kamara

chambre d'enfant

than hajbaske rakjako habe

salle à manger

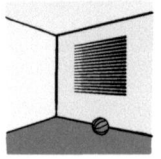

kati
....
sol

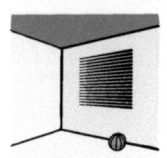

duvari
....
mur

tavano
....
plafond

špajzi
....
cave

sauna
....
sauna

terasa
....
balcon

terasa
....
terrasse

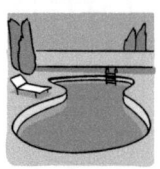

bazeni
....
piscine

čar harnyarimaski makina
....
tondeuse à gazon

patrin
....
housse

čaršafia
....
couette

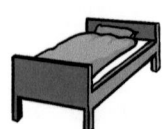

kreveto
....
lit

šulavni
....
balai

korpa
....
sceau

elektrikani phabarin
....
interrupteur

bešimaski kamara

salon

tapeta
papier peint
tasviri
image
lamba
lampe
rafti
étagère
ormari
armoire
televiziya
télé
jagako than
cheminée
luludi
fleur
šerand
coussin
sofa
sofa
vazna
vase
durutni komanda
télécommande

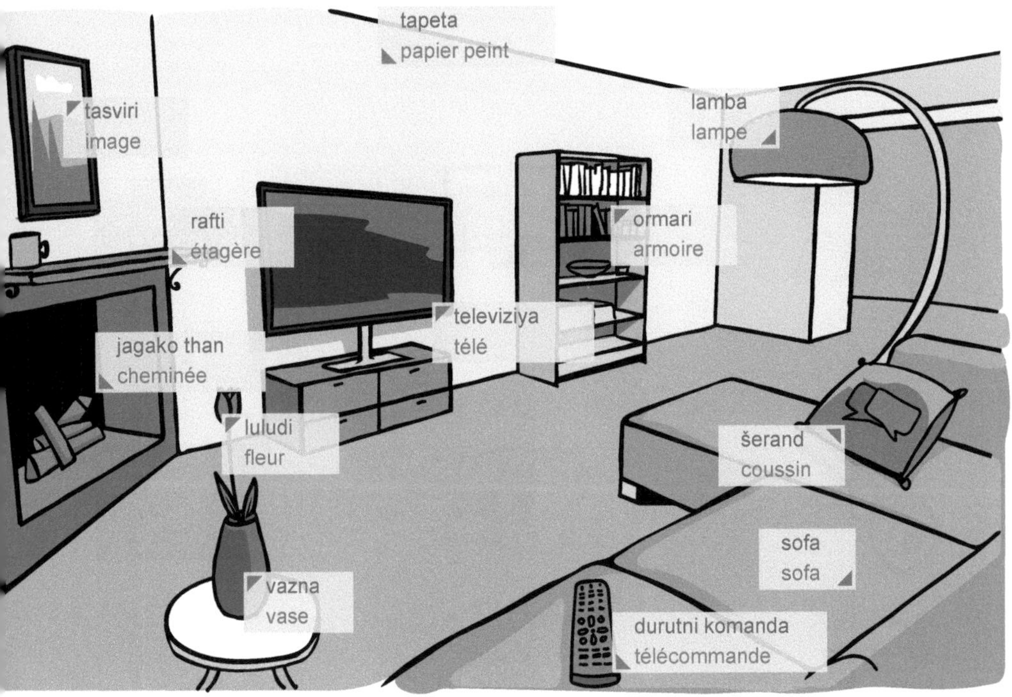

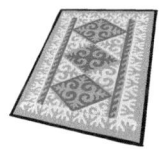

kilimi

tapis

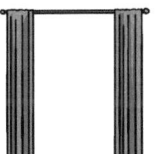

perde

rideau

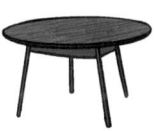

masa

table

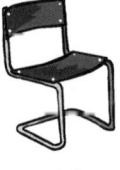

sandaliya

chaise

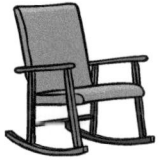

kunajka sandaliya

chaise à bascule

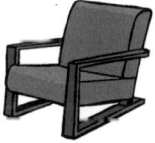

fotelya

fauteuil

lil
livre

kebe
couverture

dekoraciya
décoration

kašta phabarimaske
bois de chauffage

filmi
film

stereo ašunimaske butya
chaîne hi-fi

nahtari
clé

gazeta
journal

frčaja bojakeribe
peinture

posteri
poster

radio
radio

hramovimasko bloko
bloc-notes

elektrikani šulavni
aspirateur

kaktusi
cactus

momoli
bougie

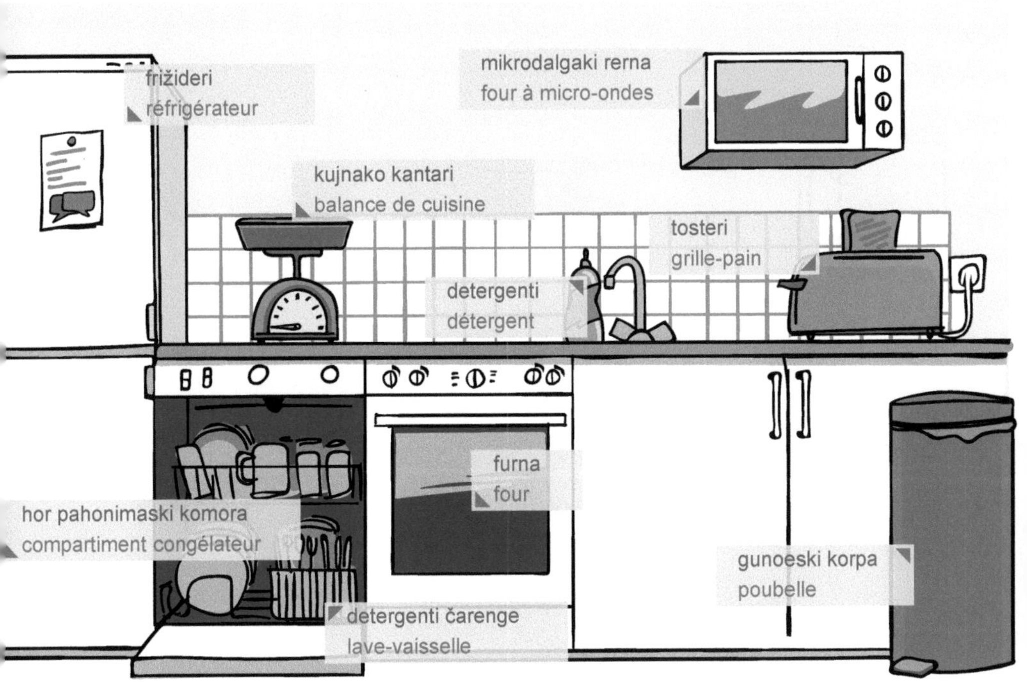

frižideri
réfrigérateur

mikrodalgaki rerna
four à micro-ondes

kujnako kantari
balance de cuisine

tosteri
grille-pain

detergenti
détergent

B B ○ ○ ◑◐ ≡◑≡ ◐◑

furna
four

hor pahonimaski komora
compartiment congélateur

gunoeski korpa
poubelle

detergenti čarenge
lave-vaisselle

keravimasko than

four

čaro

casserole

sastrnali tendžera

marmite

vok cihani

wok / kadai

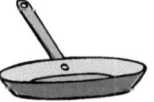

tava

poêle

elektrikano bokali

bouilloire electrique

tendžera ki para

cuiseur vapeur

tepsija

plaque de cuisson

čare

vaisselle

bareder fildžano

gobelet

čaro

coupe

kinakere habaskere kaštore

baguettes

fioka

louche

špatula

spatule

vastesko mikseri

fouet

cedimasko čaro

passoire

porizen

tamis

rende

râpe

avano

mortier

skara

barbecue

puteribe jag

cheminée

čhinimaski tabla

planche à découper

oklagia

rouleau à pâtisserie

puterimasko alati

tire-bouchon

konzerva

boîte

konzervako puterutno

ouvre-boîte

čaresko ikerutno

maniques

lavabo

lavabo

frča

brosse

sungeri

éponge

mikseri

mixeur

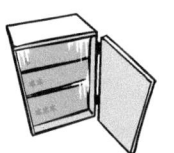

hor pahonimasko frižideri

congélateur

bebeski šiša

biberon

češma

robinet

banya
salle de bain

tataripe
chauffage
peškiri
serviette
tuširibe
douche
tuširimaski perda
rideau de douche
nanyovibe sapuneske balonencar
bain moussant
kada nanyovimaske
baignoire
tahtai
verre
makina thovimaske šeja
machine à laver
češma
robinet
pločke
carrelage
turako
pot
lavabo
lavabo

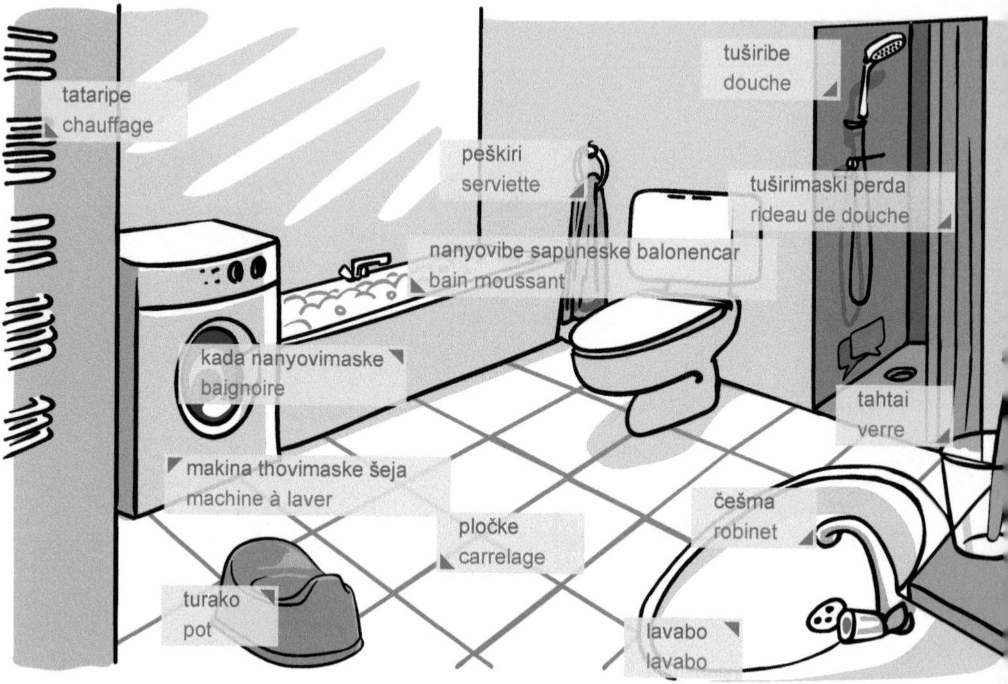

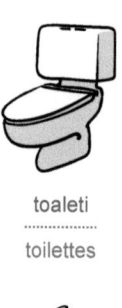

toaleti

toilettes

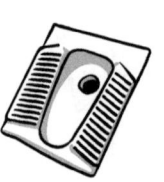

toaleti bešimasa ko pundre

toilette à la turque

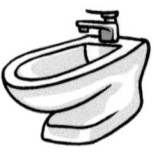

bide

bidet

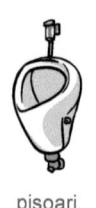

pisoari

urinoir

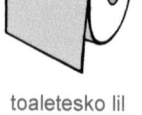

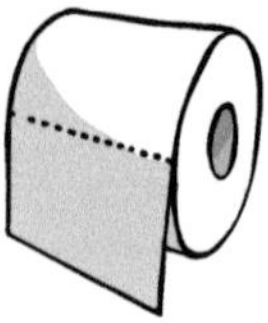

toaletesko lil

papier toilette

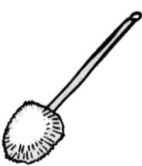

frča toaleteske

brosse à toilette

danda thovimaski frča

brosse à dents

danda thovimaski krema

dentifrice

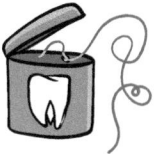

dandesko thav

fil dentaire

thovibe danda

laver

vasteskoro tuši

douche manuelle

tuši

douche intime

lavabo

vasque

dumeski frča

brosse dorsale

sapuni

savon

tuširimasko geli

gel douche

šamponi

shampooing

flanela

gant de toilette

kada ćidimaske pani

écoulement

krema

crème

dezodoransi

déodorant

ajna

miroir

vasteski ajna

miroir cosmétique

žileti moravimaske

rasoir

moravimaski pena

mousse à raser

palal muravimaski krema

après-rasage

kanglik

peigne

frča

brosse

feni balenge

sèche-cheveux

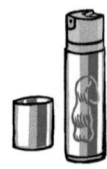

sprej balenge

laque pour cheveux

šminka

fond de teint

karmini

rouge à lèvres

oja najenge

vernis à ongles

pamuko pošom

ouate

kata najenge

coupe-ongles

parfemi

parfum

gono thovimaske

trousse de toilette

sandaliya

tabouret

tereziya

pèse-personne

bademantili

peignoir

gumena kalcunya

gants de nettoyage

tamponi

tampon

toaletno lil

serviettes hygiéniques

hemikano toaleti

toilette chimique

čhavengi kamara

chambre d'enfant

alarmesko sato
réveil
mangli khelutni
doudou
vordonora khelimaske
voiture jouet
tropalka
hochet
bebedžikongo kher
maison de poupée
bakšiši
cadeau

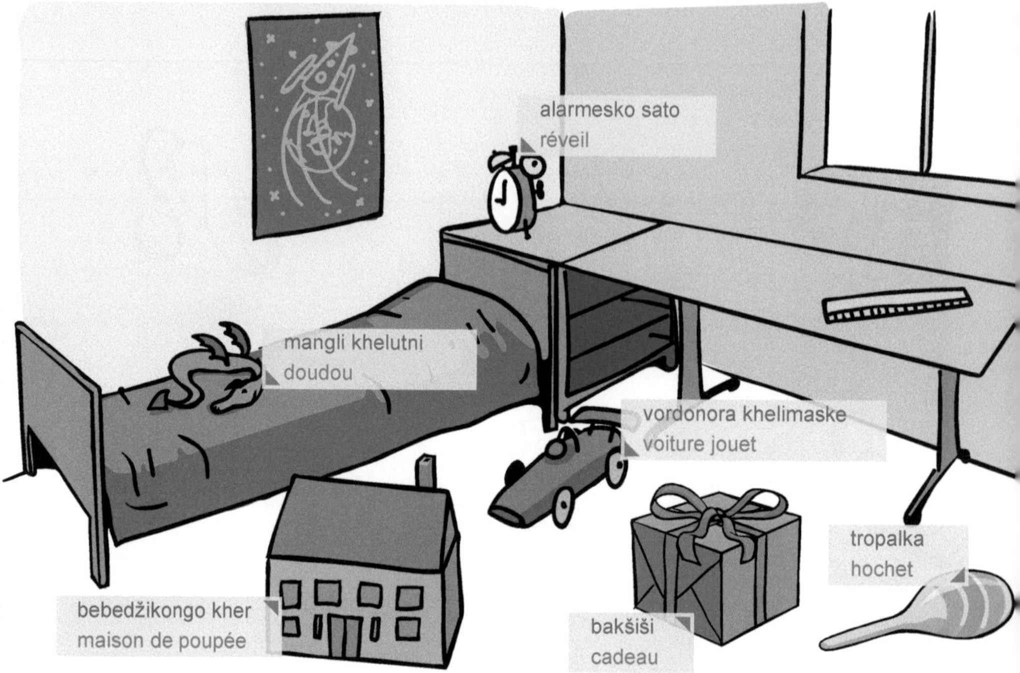

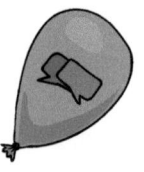

baloni
ballon

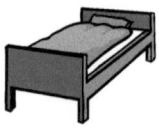

kreveto
lit

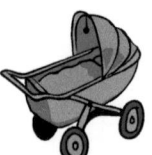

bebengo vordon
poussette

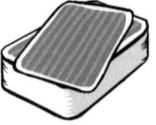

špili karte
jeu de cartes

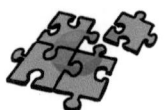

ker-rumin khelin
puzzle

SUPER MEGA

komikano lil
bande dessinée

lego kocke

pièces lego

kocke khelimaske

blocs de construction

akciaki figura

figurine

bodi bebeske

grenouillère

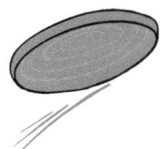

frizbi

frisbee

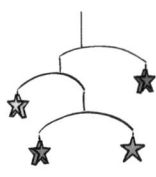

mobile

mobile

masa khelimaske

jeu de société

zari

dé

pampuri khelimaske

train miniature

cucla

sucette

bahlana

fête

tasvirengo lil

livre d'images

topka

balle

bebedžlko

poupée

khelibe

jouer

pošikako than
bac à sable

kuna
balançoire

khelimaske butya
jouets

konzola video khelimaske
console de jeu

triciklo
tricycle

poftaneski ričini
ours en peluche

garderoba
armoire

šeja
vêtements

kalcunya
chaussettes

khuvde kalcunya
bas

hulahopke
collant

momija
écharpe

čadori
parapluie

maica
t-shirt

kaiši
ceinture

čizme
bottes

papuče
pantoufles

trenerke
baskets

sandale
....
sandales

menije
....
chaussures

gumena čizme
....
bottes de caoutchouc

sostenya
....
sous-vêtements

eleko
....
soutien-gorge

jeleko
....
maillot de corps

bodi
body

pantalonya
pantalon

farmerke
jean

suknya
jupe

bluza
chemisier

gat
chemise

puloveri
pull

dukseri
sweat à capuche

harno kaputi
veste

džeketi
veste

kaputi
manteau

biršimdesko mantili
imperméable

kostimi
costume

fustano
robe

prandinako fustano
robe de mariée

kostumi

costume

rakjako fustano

chemise de nuit

pižame

pyjama

sari

sari

momija šereske

foulard

turbani

turban

burka

burqa

kaftani

caftan

abaya

abaya

nangyovimaske šeja

maillot de bain

buxle pantolonya

maillot de bain

harne pantolonya

short

sporteske trenerke

tenue d'entraînement

kecelya

tablier

vasteske kalcunya

gants

kopča

bouton

gjuzlukya

lunettes

belegziya

bracelet

mirikle

collier

angrustik

bague

čeni

boucle d'oreille

stadik

bonnet

kaputeski čiviya

cintre

stadik

chapeau

kravata

cravate

patenti

fermeture éclair

kaciga

casque

dandenge proteze

bretelles

školaki uniforma

uniforme scolaire

uniforma

uniforme

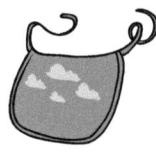

ligarka

bavoir

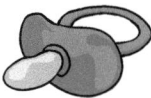

cucla

sucette

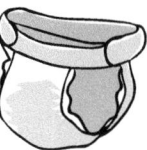

pherno

lange

ofiso

bureau

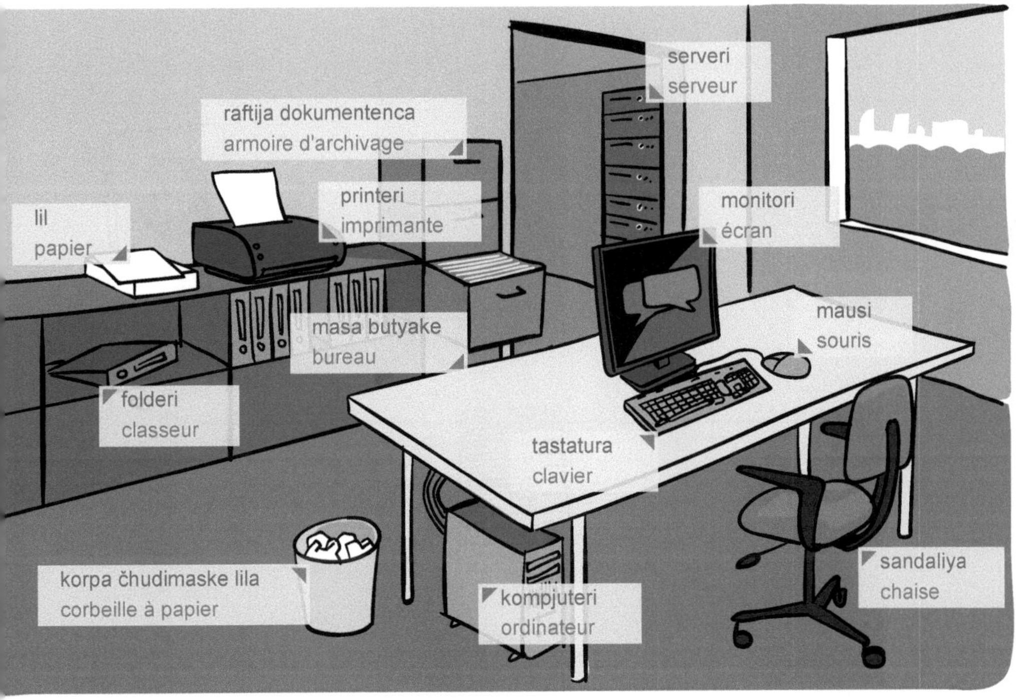

serveri
serveur
raftija dokumentenca
armoire d'archivage
printeri
imprimante
lil
papier
monitori
écran
mausi
souris
masa butyake
bureau
folderi
classeur
tastatura
clavier
korpa čhudimaske lila
corbeille à papier
kompjuteri
ordinateur
sandaliya
chaise

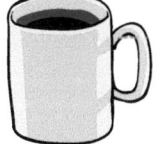

fildžano kafake

tasse de café

kalkulatori

calculatrice

internet

internet

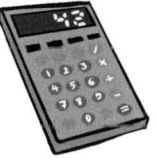

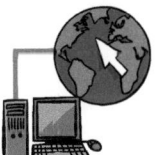

laptop

ordinateur portable

lil

lettre

mesaži

message

mobilno telefono

portable

netvorko

réseau

kopirimaski makina

photocopieuse

softveri

logiciel

telefono

téléphone

štekeri

prise

faks makina

fax

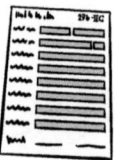

formulari

formulaire

dokumento

document

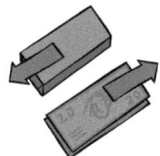

kinibe

acheter

pokinibe

payer

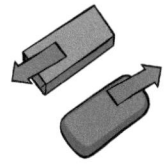

kino-bikinibe

faire du commerce

love

monnaie

USD

dolari

dollar

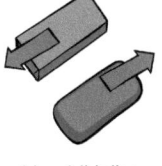

EUR

euro

euro

JPY

jeni

yen

RUB

rublya

rouble

CHF

švajcariako franko

franc suisse

CNY

renminbi juan

renminbı yuan

INR

rupija

roupie

lovengo automati

distributeur automatique

biro baši devize

bureau de change

somnakaj

or

rup

argent

petroli

pétrole

energia

énergie

fiyati

prix

kontrakto

contrat

taksa

taxe

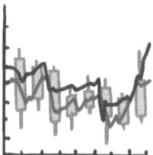

berzaki akcija

action

butikeribe

travailler

butyarno

employé

butyako dendutno

employeur

fabrika

usine

dukyano

magasin

ekonomia - économie

Policiako oficero
agent de police

jagako aćhavutno
pompier

piloti
pilote

habekerutno
cuisinier

doktoro
médecin

bavčako butyarno

jardinier

tišleri

menuisier

šnajderka

couturière

krisuno

juge

hemičari

chimiste

akteri

acteur

autobusesko šoferi

conducteur de bus

taksisti

chauffeur de taxi

mačhengo astarutno

pêcheur

užarutni

femme de ménage

učharinengo kerutno

couvreur

kelneri

serveur

avdžija

chasseur

tasvirkerutno

peintre

furnadžia

boulanger

elektrikako phirno

électricien

tamirutno

ouvrier

inžinjeri

ingénieur

kasapi

boucher

panjesko butyarno

plombier

poštari

facteur

askeri
soldat

arhitekto
architecte

kasieri
caissier

luludyari
fleuriste

frizeri
coiffeur

kondukteri
contrôleur

mekanisti
mécanicien

kapetani
capitaine

dandengo saslyarno
dentiste

vigjanalo manuš
scientifique

rabini
rabbin

imami
imam

rašaj
moine

rašaj
prêtre

profesie - professions

alatia
outils

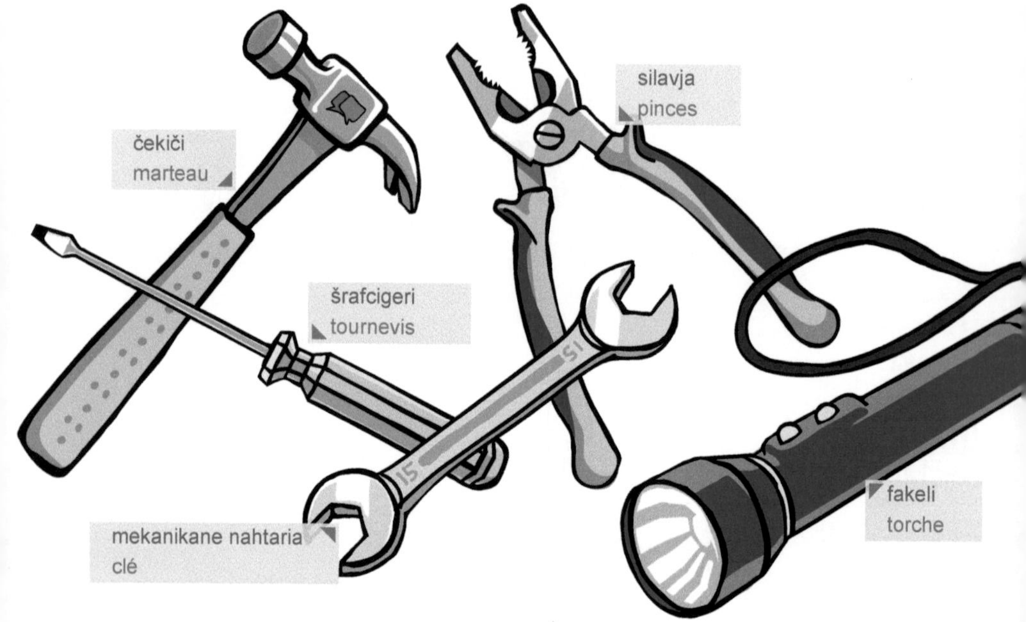
čekiči
marteau
silavja
pinces
šrafcigeri
tournevis
mekanikane nahtaria
clé
fakeli
torche

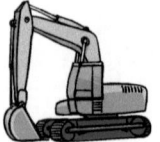

hrandimasko alati

pelleteuse

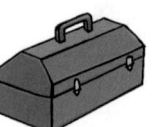

alateski kutia

boîte à outils

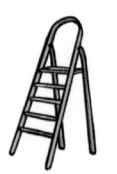

merdeveni

échelle

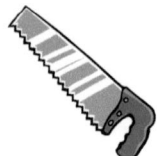

pila

scie

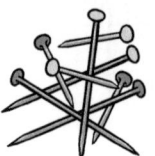

karfa

clous

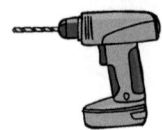

posavin

perceuse

lačharkeribe

réparer

lopata

pelle

Naleti!

Mince !

vatrali

pelle

lonco bojimaske

pot de peinture

šrafja

vis

muzikane instrumentia
instruments de musique

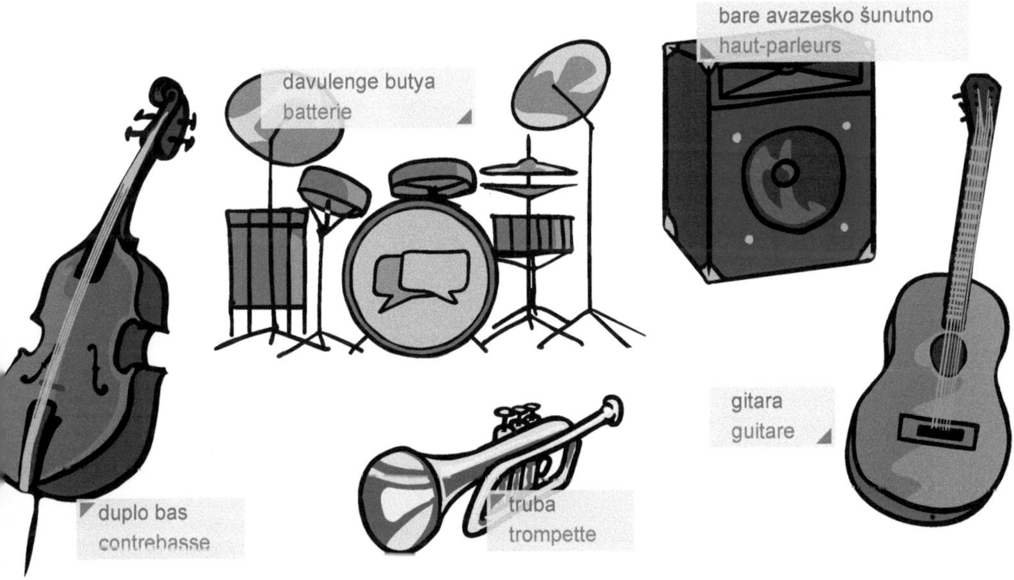

bare avazesko šunutno
haut-parleurs

davulenge butya
batterie

gitara
guitare

duplo bas
contrebasse

truba
trompette

piano
piano

kemana
violon

bas
basse

timpani
timbales

davulia
tambour

sintisajzeri
piano électrique

saksafoni
saxophone

flejta
flûte

mikrofoni
microphone

khuvin
entrée

tigari
tigre

kafezi
cage

zebra nakhimaski
zèbre

hajvanengo parvaripe
alimentation animale

panda
panda

hajvania
....
animaux

elefanti
....
éléphant

kenguri
....
kangourou

rino
....
rhinocéros

gorila
....
gorille

ričini
....
ours

kamila

chameau

ostriga

autruche

aslani

lion

majmuni

singe

flamingo

flamand rose

papagali

perroquet

polarno ričini

ours polaire

pingvini

pingouin

ajkula

requin

pauno

paon

sap

serpent

krokodilo

crocodile

zoo arakhutno

gardien de zoo

foka

phoque

jaguari

jaguar

poni
poney

leopardi
léopard

hipo
hippopotame

žirafa
girafe

zorale kandžengi paškin
aigle

bali
sanglier

mačho
poisson

želka
tortue

morži
morse

lumri
renard

gazela
gazelle

Amerikako fudbali
american Football

biciklizmo
cyclisme

tenis
tennis

basketboli
basket-ball

nangjovibe
natation

boksi
boxe

hokej ko paho
hockey sur glace

fudbali

football

badmington

badminton

atletika

athlétisme

vasteskoboli

handball

skiibe

ski

polo

polo

aktivitetia
activités

hutibe
sauter
deibe angali
embrasser
asaibe
rire
phiribe
marcher
giljavibe
chanter
dikhibe suno
rêver
azirikeribe
prier
čumibe
faire la bise

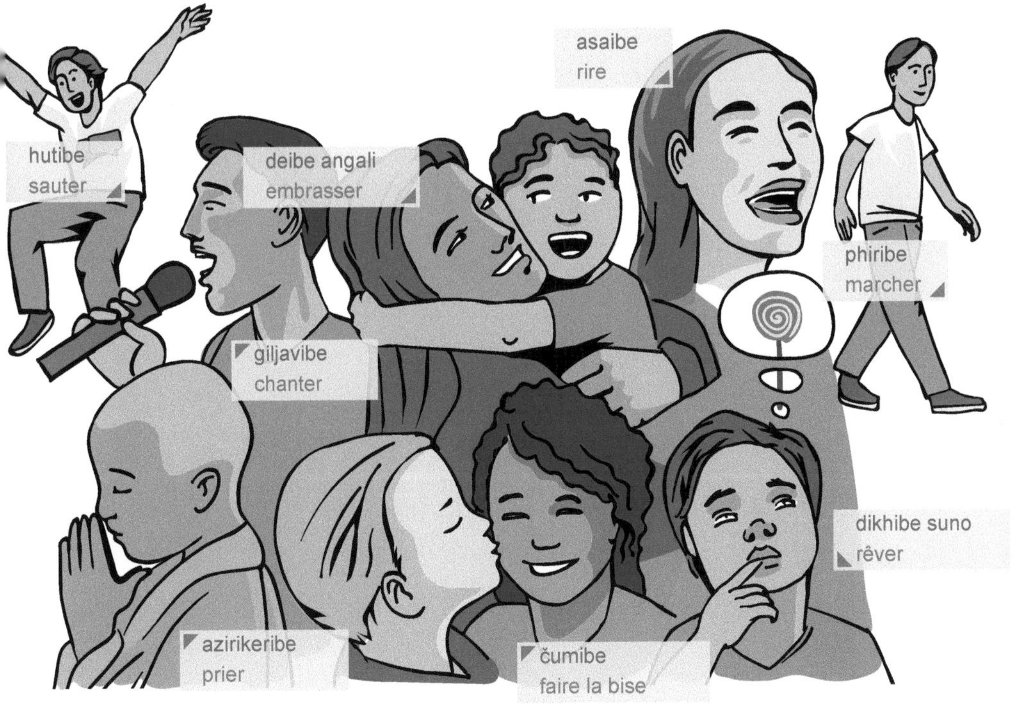

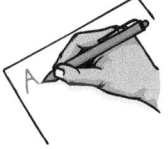

hramovibe

écrire

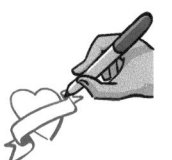

čitribe

dessiner

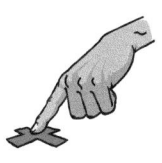

sikavibe

montrer

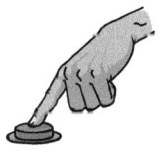

cidljaribe

pousser

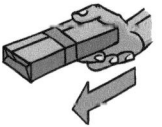

deibe

donner

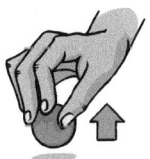

leibe

prendre

isibe

avoir

keribe

faire

te ovel

être

tergyovibe

être debout

prastaibe

courir

cidibe

trier

čhudibe

jeter

peribe

tomber

hovavibe

être couché

adžikeribe

attendre

phiravibe

porter

bešibe

être assis

urjavibe

s'habiller

sovibe

dormir

džangavibe

se réveiller

dikhibe ko

regarder

rovibe

pleurer

čalavibe

caresser

uhlavibr

peigner

vakeribe

parler

haljovibe

comprendre

puč

demander

šunibe

écouter

piibe

boire

habe

manger

užaribe

ranger

kamibe

aimer

keribe habe

cuire

paldibe vordon

conduire

urjallbe

voler

vaporea džaibe

faire de la voile

kalkulirin

calculer

drabaribe

lire

sikljovibe

apprendre

butikeribe

travailler

prandibe

se marier

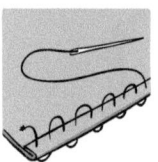

suvibe

coudre

thovibe danda

brosser les dents

mudaribe

tuer

piibe dahani

fumer

bičhalibe

envoyer

familiya
famille

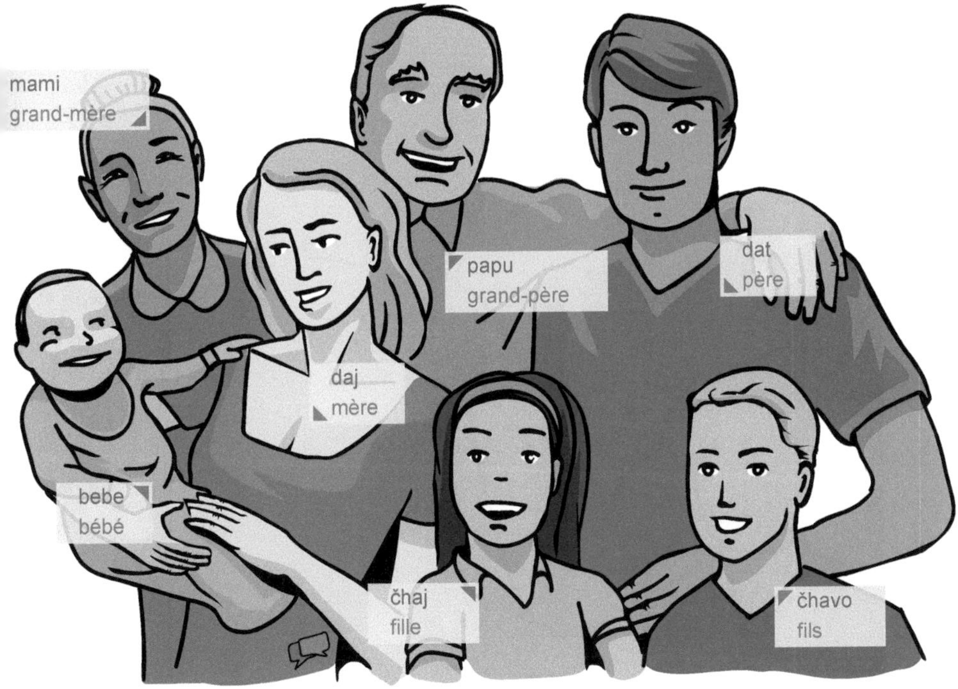

mami
grand-mère
papu
grand-père
dat
père
daj
mère
bebe
bébé
čhaj
fille
čhavo
fils

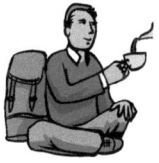

misafiri

hôte

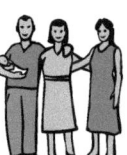

bibi

tante

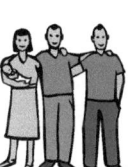

kako

oncle

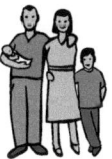

phral

frère

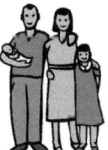

phen

sœur

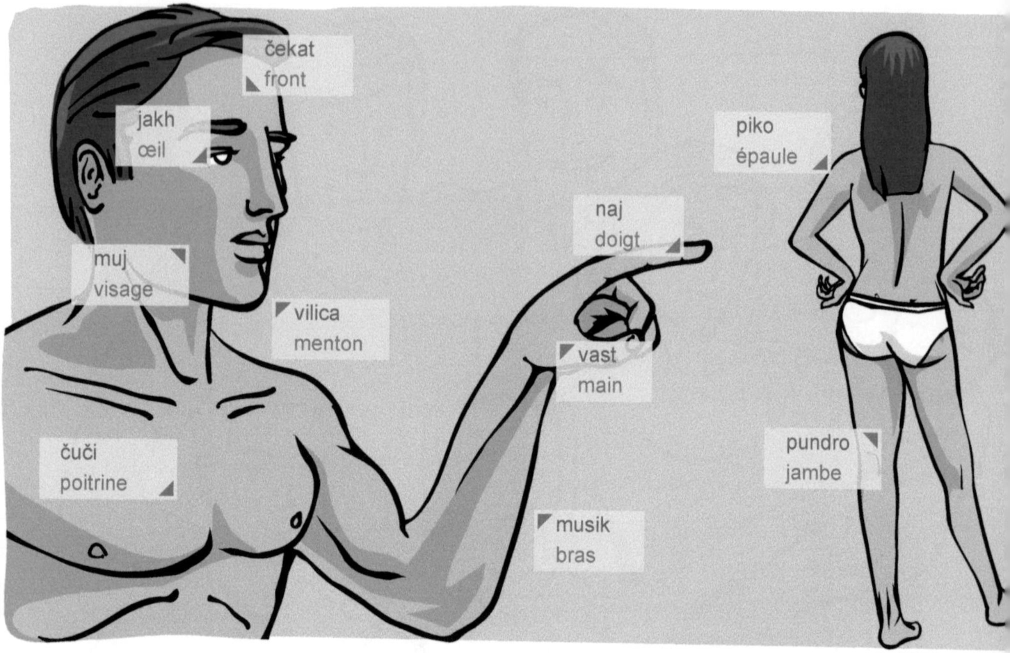

čekat
front

jakh
œil

piko
épaule

naj
doigt

muj
visage

vilica
menton

vast
main

čuči
poitrine

pundro
jambe

musik
bras

bebe

bébé

murš

homme

džuvli

femme

čhaj

fille

ćhavo

garçon

šero

tête

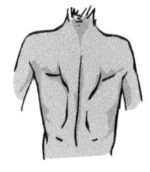

dumo

dos

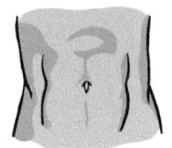

maškar

ventre

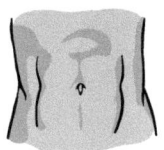

pupko

nombril

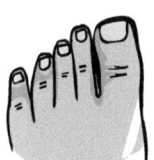

pundrenge naja

orteil

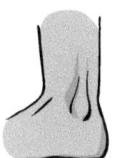

patum

talon

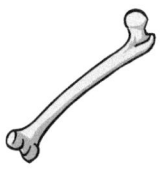

kokalo

os

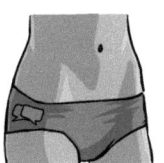

kuko

hanche

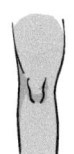

koč

genou

lahci

coude

nakh

nez

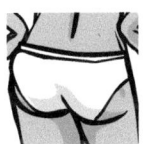

bul

fesses

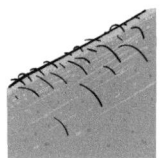

mortik

peau

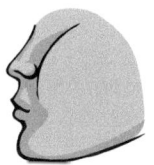

čham

joue

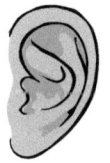

kan

oreille

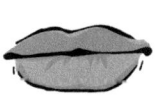

voš

lèvre

muj

bouche

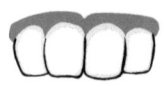

danda

dent

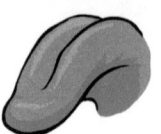

ćhib

langue

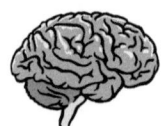

godi

cerveau

vilo

cœur

muskulo

muscle

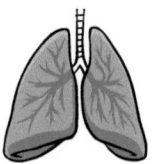

kolin

poumons

buko

foie

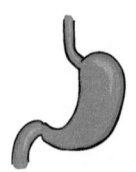

vogi

estomac

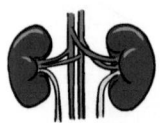

bubrekora

reins

seks

rapport sexuel

kondomi

préservatif

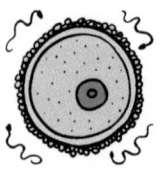

yarengi kletka

ovule

sperma

sperme

khamnipe

grossesse

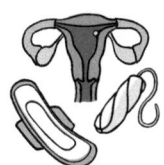

menstruaciya
menstruation

vagina
vagin

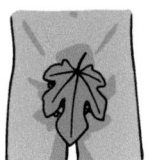

penis
pénis

phov
sourcil

bala
cheveux

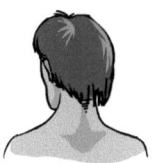

men
cou

hospitalo
hôpital

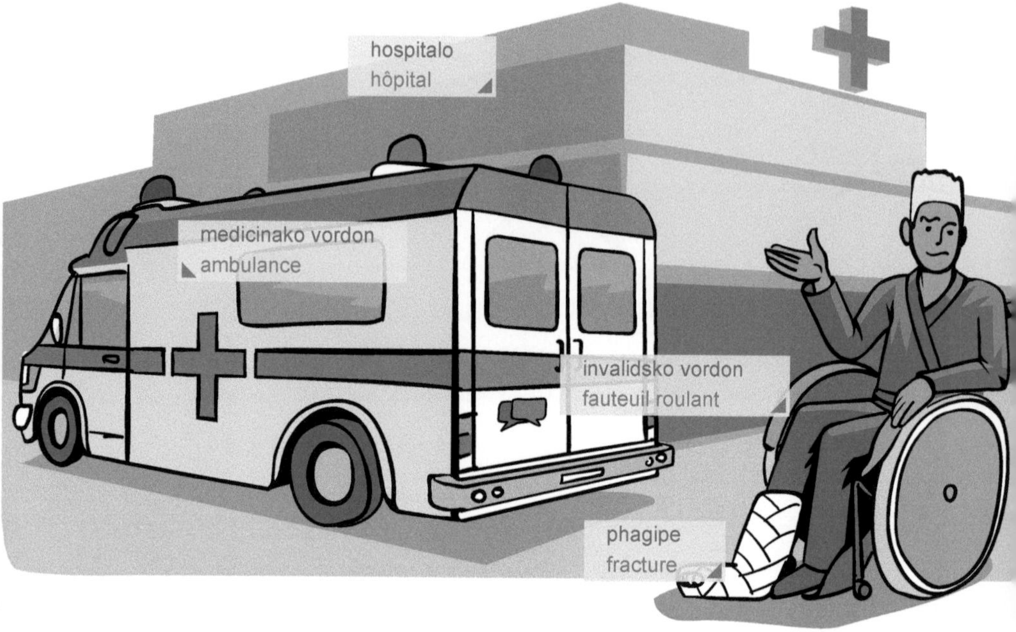

hospitalo
hôpital
medicinako vordon
ambulance
invalidsko vordon
fauteuil roulant
phagipe
fracture

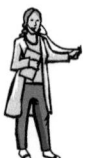

doktoro

médecin

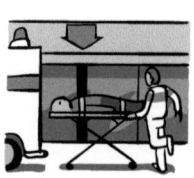

sigyarimaski kamara

service des urgences

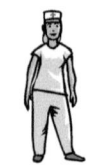

medicinaki phen

infirmière

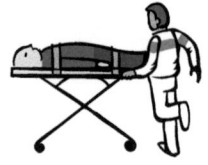

sigyaripen

urgence

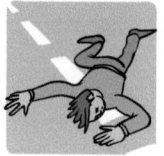

ki koma

inconscient

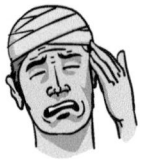

dukh

douleur

dukhavipen

blessure

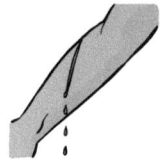

ratvaripe

hémorragie

infrakto

crise cardiaque

šlog

attaque cérébrale

alergiya

allergie

khuinibe

toux

tinanipe

fièvre

gripa

grippe

diyarea

diarrhée

šereski dukh

mal de tête

kanceri

cancer

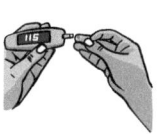

diyabetes

diabète

operaciya

chirurgien

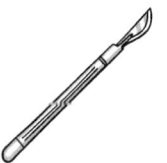

skalperi

scalpel

operaciya

opération

CT
CT

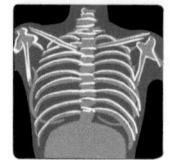

rentgen
radiographie

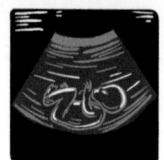

ultra avazo
échographie

mujeski maska
masque

nasvalipe
maladie

adžukyarimasko than
salle d'attente

paterica
béquille

flastero
pansement

phandimaski gaza
pansement

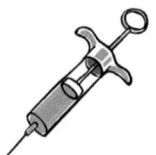

inyekciya
injection

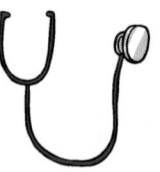

stetoskopo
stéthoscope

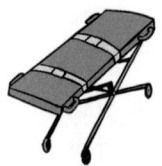

tregero
brancard

klinicko termometro
thermomètre

biyanipe
accouchement

baro thulipe
surcharge pondérale

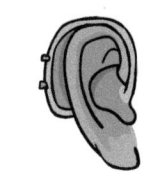

ašunimasko aparato

appareil auditif

dezinfekciako

désinfectant

infekciya

infection

viruso

virus

HIV / SIDA

VIH / sida

medicina

médicament

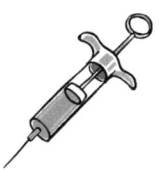

vakcinaciya

vaccination

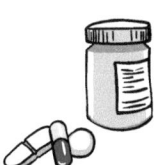

tabletura

comprimés

hapi

pilule

sigyarimasko akharipe

appel d'urgence

monitori vaš učo pretisak

tensiomètre

nasvalo / sasto

malade / sain

Mažutisar!	alarmo	atako
Au secours !	alarme	assaut
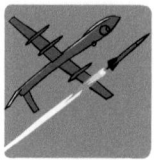		
atako	dar buti	sigyarimasko iklyovipen
attaque	danger	sortie de secours

Bari jag!	mamuj jagako aparati	bibax
Au feu!	extincteur	accident
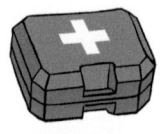		
butya avgo ažutimaske	SOS	Policia
trousse de premier secours	SOS	police

Evropa

Europe

Utarali Amerika

Amérique du Nord

Purabali Amerika

Amérique du Sud

Afrika

Afrique

Azija

Asie

Australia

Australie

Atlantiko

Océan atlantique

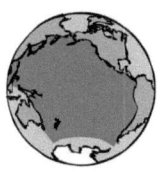

Pacifiko

Océan pacifique

Indiako Okeano

Océan indien

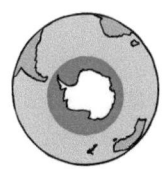

Antarktikosko Okeano

Océan antarctique

Arktikosko Okeano

Océan arctique

Utaralo poli

pôle nord

Purabalo poli

pôle sud

Antarktiko

Antarctique

phuv

terre

phuv

pays

samudra

mer

džaziri

île

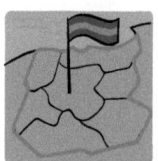

nacija

nation

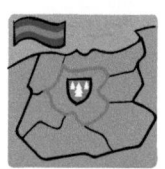

raštra

état

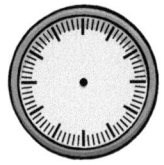

saatosko gendo

cadran

saatoski sikavni

aiguille des heures

dakikongi sikavni

aiguille des minutes

kundarno saatoski sikavin

aiguille des secondes

Kozom si o saato?

Quelle heure est-il ?

dive

jour

vrama

temps

akana

maintenant

digitalno saato

montre digitale

dakika

minute

časo

heurc

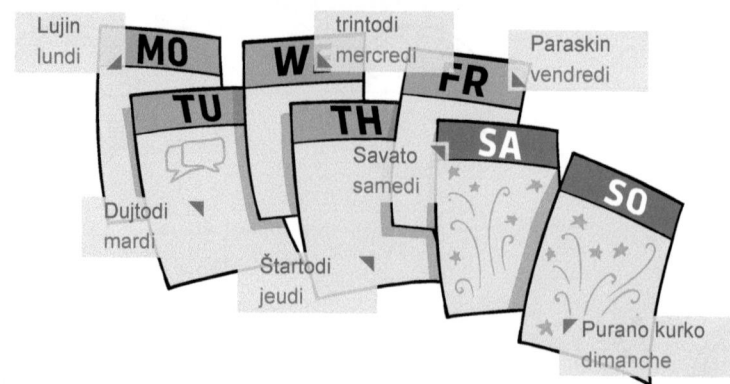

Lujin
lundi

trintodi
mercredi

Paraskin
vendredi

Dujtodi
mardi

Savato
samedi

Štartodi
jeudi

Purano kurko
dimanche

erati

hier

avdive

aujourd'hui

tajsa

demain

javin

matin

ekvaš dive

midi

blevel

soir

butyarne divesa

jours ouvrables

vikend

week-end

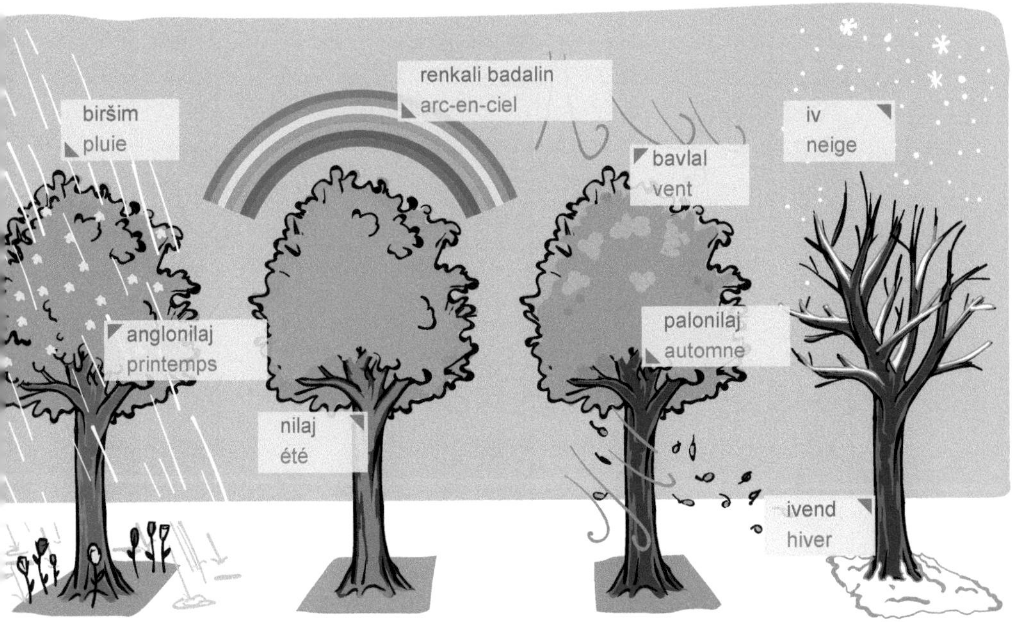

renkali badalin
arc-en-ciel
biršim
pluie
bavlal
vent
iv
neige
anglonilaj
printemps
palonilaj
automne
nilaj
été
ivend
hiver

4.APRIL 11°
5.APRIL 4°
6.APRIL 13°
7.APRIL 8°
8.APRIL 10°

vramakoro vakeribe

météo

F C
120 40
90 30
60 20
30 10
0 0
-30 -10
-20

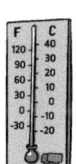

termometro

thermomètre

khamalo

lumière du soleil

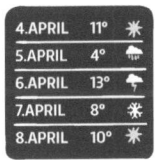

badal

nuage

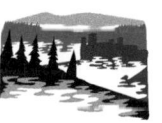

muhi

brouillard

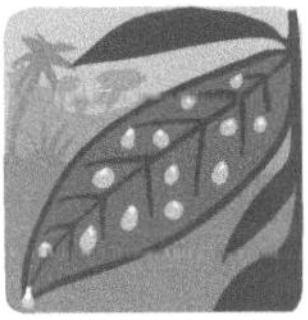

nemlime hava

humidité

šemšekoja

foudre

šemšekosko čalavibe

tonnerre

bura

tempête

kijameti

grêle

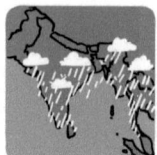

monsuni

mousson

baro pani

inondation

paho

glace

Januaro

janvier

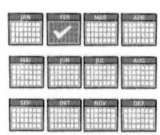

Februaro

février

Marto

mars

Aprilo

avril

Majo

mai

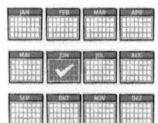

Juno

juin

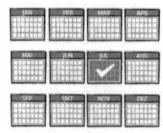

Julo

juillet

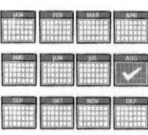

Augusto

août

berš - année

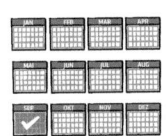

Septembro
....
septembre

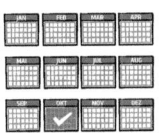

Oktombro
....
octobre

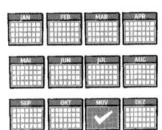

Novembro
....
novembre

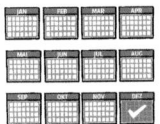

Dekembro
....
décembre

forme

formes

rota
....
cercle

kvadrati
....
carré

rektanglo
....
rectangle

trianglo
....
triangle

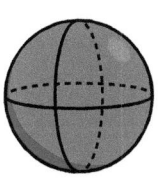

sfera
....
sphère

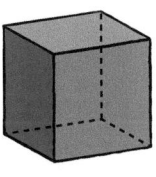

kocka
....
cube

parni

blanc

galbeno

jaune

pomarandža

orange

roze

rose

loli

rouge

lila

violet

vunato

bleu

harjali

vert

kafeno

marron

kuršumlija

gris

kali

noir

but / hari

beaucoup / peu

holjame / mudro

fâché / calme

šuži / bišuži

joli / laid

starto / agor

début / fin

baro / tikno

grand / petit

puterde bojako / phanle bojako

clair / obscure

phral / phen

frère / soeur

užo / melalo

propre / sale

sahno / bisahno

complet / incomplet

dive / rat

jour / nuit

mulo / dživdo

mort / vivant

buvlo / tank

large / étroit

hala pe / na hala pe

comestible / incomestible

džungalo / šukar

méchant / gentil

bare vogjea / bi vogjea

excité / ennuyé

thulo / kišlo

gros / mince

avgo / paluno

premier / dernier

amal / dušmani

ami / ennemi

pherdo / čučo

plein / vide

zoralo / kovlo

dur / souple

pharo / lokho

lourd / léger

bokh / truš

faim / soif

nasvalo / sasto

malade / sain

ilegalno / legalno

illégal / légal

godyaver / bigodyako

intelligent / stupide

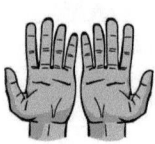

bajan / dahin

gauche / droite

paše / dur

proche / loin

nevo / purano
....
nouveau / usé

khanči / vareso
....
rien / quelque chose

phuro / terno
....
vieux / jeune

phabardo / ačhavdo
....
marche / arrêt

puterdo / phanlo
....
ouvert / fermé

mudro / bare avazeskoro
....
faible / fort

barvalo / čorolo
....
riche / pauvre

čačutno / došalo
....
correct / incorrect

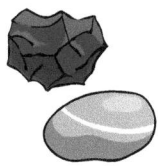

zoralo / kovlo
....
rugueux / lisse

mazuni / lošalo
....
triste / heureux

skurto / lungo
....
court / long

pohari / sigate
....
lent / rapide

sapano / šuko
....
mouillé / sec

tato / šudro
....
chaud / froid

mareba / sansari
....
guerre / paix

0

zero

zéro

1

jek

un / une

2

duj

deux

3

trin

trois

4

štar

quatre

5

panč

cinq

6

šov

six

7

efta

sept

8

ohto

huit

9

enja

neuf

10

deš

dix

11

dešujek

onze

12
dešuduj

douze

13
dešutrin

treize

14
dešuštar

quatorze

15
dešupanč

quinze

16
dešušov

seize

17
dešefta

dix-sept

18
dešohto

dix-huit

19
dešenja

dix-neuf

20
biš

vingt

100
šel

cent

1.000
milja

mille

1.000.000
milioni

million

Anglicko

anglais

Americko Anglicko

anglais américain

Kinesko Mandarinsko

chinois mandarin

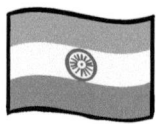

Indisko

hindi

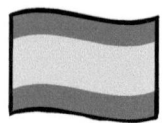

Špansko

espagnol

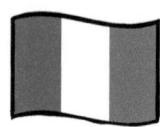

Francusko

français

Arapsko

arabe

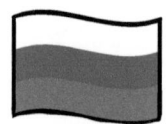

Rusko

russe

Portugalsko

portugais

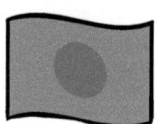

Bengalsko

bengali

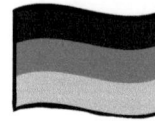

Nemicko

allemand

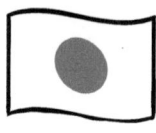

Japansko

japonais

thaj

je

tu

tu

ov / oj

il / elle / ce, c', cela

amen

nous

tumen

vous

ola

ils / elles

ko?

Qui ?

so?

Quoi ?

sar?

Comment ?

kote?

Où ?

kana?

Quand ?

anav

nom

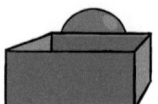

palal

derrière

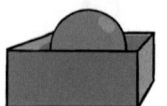

andre

dans

anglal o

devant

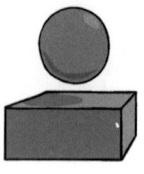

upral

au-dessus

an

sur

telal

en-dessous

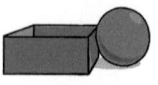

trujal

à côté de

maškaral

entre

than

lieu